Psychische Probleme einfach erklärt

Vorwort

Liebe Leserinnen und Leser,

Dieses Buch wurde geschrieben, um Ihnen einen verständlichen Einblick in die Welt der psychischen Gesundheit zu bieten. Es soll Ihnen Mut machen, sich mit dem Thema auseinanderzusetzen und Lösungen für Ihre eigenen Herausforderungen zu finden.

Psychische Probleme betreffen uns alle in unterschiedlicher Weise. Egal, ob Sie persönlich betroffen sind oder jemanden kennen, der Hilfe benötigt - Sie sind nicht allein. In diesem Buch finden Sie Informationen und praktische Tipps, die Ihnen dabei helfen können, besser zu verstehen, wie psychische Probleme entstehen und wie man damit umgehen kann.

Ich lade Sie ein, mit offenen Herzen und neugierigem Geist weiterzulesen. Wir können die Stigmatisierung rund um psychische Probleme nur durch Wissen und Verständnis überwinden. Mein Wunsch ist es, dass dieses Buch Ihnen dabei hilft, Vertrauen in Ihre eigene Stärke zu finden und Wege zur Heilung zu entdecken.

Mit herzlichen Grüßen,

Kevin van Olafson

Inhaltsverzeichnis

Kapitel 1:

Einführung

Im ersten Kapitel dieses Buches gebe ich einen Überblick über das Buch und dessen Zielsetzung.

Das Buch beschäftigt sich mit dem Thema psychische Probleme und hat das Ziel, Ihnen dabei zu helfen, ein besseres Verständnis für Ihre eigene psychische Gesundheit zu entwickeln.

Psychische Probleme sind etwas, mit dem viele Menschen auf der ganzen Welt zu kämpfen haben. Sie können verschiedene Auswirkungen auf unser Leben haben und beeinflussen unsere Beziehungen, unseren Alltag und unser allgemeines Wohlbefinden.

Das Buch behandelt verschiedene psychische Themen wie Depressionen, Angststörungen, Essstörungen, Suchterkrankungen und vieles mehr.

In der Einführung stellt sich die grundlegende Frage: Was sind psychische Probleme eigentlich?

Ich gebe eine präzise Definition und erkläre, dass psychische Probleme von vielen verschiedenen Faktoren beeinflusst werden können. Dazu gehören genetische Veranlagungen, biologische Faktoren wie Ungleichgewichte von Neurotransmittern im Gehirn und Umweltfaktoren wie traumatische Erfahrungen oder Stress.

3

Ich gebe auch einen Ausblick auf die kommenden Kapitel und erkläre, welche Aspekte behandelt werden, um ein umfassendes Verständnis von psychischen Problemen zu vermitteln. Es ist mir wichtig zu betonen, dass mein Buch nicht als Ersatz für professionelle Hilfe oder medizinischen Rat gedacht ist, sondern als Informationsquelle und Leitfaden für Menschen, die ihre eigene psychische Gesundheit besser verstehen und mögliche Hilfestellungen kennenlernen möchten.

Ich schließe die Einführung mit einer Ermutigung, offen über psychische Probleme zu sprechen und nach Unterstützung zu suchen. Es gibt Hoffnung und Heilung, und mein Buch soll Ihnen Werkzeuge und Informationen bereitstellen, um den Weg zu einem besseren psychischen Wohlbefinden zu ebnen.

"Dieses erste Kapitel dient als Einführung in das Thema und bereitet Sie auf die weiteren Kapitel vor, in denen wir spezifische psychische Probleme genauer betrachten werden. Ich möchte Ihnen eine Grundlage für das Verständnis psychischer Gesundheit geben und Sie ermutigen, sich mit Ihrer eigenen mentalen Verfassung auseinanderzusetzen und gegebenenfalls Hilfe zu suchen."

Kapitel 2:
Was sind psychische Probleme?

Psychische Probleme sind Zustände, die unsere emotionale und mentale Gesundheit beeinflussen. Sie beeinflussen unsere Gedanken, Gefühle und Verhaltensweisen auf unterschiedliche Weise. Psychische Probleme können von milderen Herausforderungen bis hin zu schwerwiegenden Störungen reichen und verschiedene Aspekte unseres Lebens beeinträchtigen.

Es ist nicht immer einfach, psychische Probleme genau zu definieren, da sie ein breites Spektrum von Zuständen umfassen. Es gibt jedoch gemeinsame Merkmale, die sie charakterisieren. Psychische Probleme können sich durch anhaltende negative Emotionen wie Traurigkeit, Angst oder Wut ausdrücken. Sie können auch dazu führen, dass wir uns von anderen isolieren, Schwierigkeiten haben, den Alltag zu bewältigen, oder unsere Lebensqualität beeinträchtigt wird.

Es ist wichtig zu verstehen, dass psychische Probleme nicht auf mangelnde Stärke oder Willenskraft zurückzuführen sind. Sie sind medizinische Erkrankungen, die von verschiedenen Faktoren beeinflusst werden können. Genetische Veranlagungen, Ungleichgewichte von Neurotransmittern im Gehirn, traumatische Erfahrungen, belastender Stress oder bestimmte Lebensumstände können zu psychischen Problemen beitragen.

Psychische Probleme können unterschiedliche Formen annehmen, wie zum Beispiel Angststörungen, Depressionen, Essstörungen, Suchterkrankungen oder Persönlichkeitsstörungen. In meinem Buch werde ich auf diese spezifischen Probleme genauer eingehen und ihre Merkmale, Ursachen und Behandlungsmöglichkeiten ausführlicher erläutern.

Es ist von großer Bedeutung zu betonen, dass psychische Probleme häufig auftreten und es keine Schande ist, Hilfe zu suchen. Indem wir uns über psychische Probleme informieren und darüber sprechen, können wir das Stigma reduzieren und die Unterstützung für Betroffene verbessern.

"Dieses Kapitel soll Ihnen eine umfassendere Definition und einen klareren Überblick über psychische Probleme bieten. Mein Ziel ist es, Ihnen zu helfen, ein besseres Verständnis für diese Zustände zu entwickeln und zu erkennen, dass Sie mit Ihren Erfahrungen nicht allein sind. In den folgenden Kapiteln werde ich detaillierter auf spezifische psychische Probleme eingehen und Ihnen verschiedene Behandlungs- und Unterstützungsmöglichkeiten aufzeigen."

Kapitel 3:
Die Rolle der Genetik

Genetik spielt eine wichtige Rolle bei der Vererbung von Merkmalen von Generation zu Generation. Unsere Gene enthalten Informationen, die bestimmen, wie unser Körper aufgebaut ist und wie er funktioniert.
Es ist auch bekannt, dass bestimmte Gene mit einem erhöhten Risiko für psychische Probleme in Verbindung gebracht werden können.

Studien haben gezeigt, dass es bestimmte genetische Faktoren gibt, die das Risiko für psychische Probleme erhöhen können. Wenn wir eine Familiengeschichte von psychischen Erkrankungen haben, können wir ein höheres Risiko haben, ähnliche Probleme zu entwickeln.
Dies bedeutet jedoch nicht zwangsläufig, dass wir automatisch psychische Probleme haben werden, da auch andere Faktoren eine Rolle spielen.

Es ist wichtig zu beachten, dass Genetik nicht der alleinige Faktor ist, der unsere psychische Gesundheit bestimmt. Umweltfaktoren spielen ebenfalls eine entscheidende Rolle. Es kann sein, dass bestimmte Gene das Risiko für psychische Probleme erhöhen, aber erst in Kombination mit bestimmten Umweltfaktoren, wie traumatischen Erfahrungen oder chronischem Stress, zu Problemen führen.

Die Genetik kann auch erklären, warum bestimmte Menschen möglicherweise anfälliger für bestimmte psychische Probleme sind als andere. Zum Beispiel gibt es bestimmte Gene, die mit einem erhöhten Risiko für Depressionen oder Angststörungen in Verbindung gebracht werden.
Dies bedeutet jedoch nicht, dass eine Person zwangsläufig diese Probleme entwickeln wird. Es ist ein komplexes Zusammenspiel von Genetik, Umweltfaktoren und individuellen Lebenserfahrungen.

Es ist wichtig zu betonen, dass die genetische Veranlagung nur ein Teil des Puzzles ist. Es bedeutet nicht, dass wir keine Kontrolle über unsere psychische Gesundheit haben.
Es gibt verschiedene Möglichkeiten, wie wir unsere psychische Gesundheit stärken können, unabhängig von unseren genetischen Voraussetzungen. Dazu gehören gesunde Lebensgewohnheiten, soziale Unterstützung, Stressmanagement-Techniken und gegebenenfalls professionelle Hilfe.

Zusätzlich zur Vererbung von Genen gibt es auch epigenetische Faktoren, die unsere psychische Gesundheit beeinflussen können. Epigenetik bezieht sich auf Veränderungen in der Genexpression, die nicht auf Veränderungen in der DNA-Sequenz selbst zurückzuführen sind.

Diese epigenetischen Veränderungen können durch Umweltfaktoren ausgelöst werden und dazu führen, dass bestimmte Gene aktiviert oder deaktiviert werden.

Studien haben gezeigt, dass Umweltfaktoren wie Stress, Ernährung, Lebensstil und traumatische Erfahrungen epigenetische Veränderungen hervorrufen können, die das Risiko für psychische Probleme erhöhen oder verringern können.

Diese Erkenntnisse verdeutlichen, dass Genetik und Umwelt eng miteinander verflochten sind und dass die Interaktion zwischen beiden eine entscheidende Rolle für die Entwicklung von psychischen Problemen spielt.

Ein weiterer wichtiger Aspekt ist die Untersuchung von Resilienz und Schutzfaktoren. Trotz genetischer Veranlagungen oder belastender Umweltfaktoren können Menschen resiliente Merkmale aufweisen, die ihre psychische Gesundheit stärken und sie widerstandsfähiger gegenüber psychischen Problemen machen.

Solche Schutzfaktoren können eine unterstützende Familie, eine positive soziale Unterstützung, eine gesunde Bewältigungsstrategie und eine stabile Umgebung sein.

Es ist auch wichtig anzumerken, dass die Genetik und epigenetische Faktoren nicht statisch sind. Studien haben gezeigt, dass unser Lebensstil und unsere Umgebung auch Einfluss auf unsere Gene haben können.

Gesunde Verhaltensweisen wie regelmäßige Bewegung, ausgewogene Ernährung und ausreichender Schlaf können genetische Veränderungen bewirken, die zu einer besseren psychischen Gesundheit beitragen können.

"Insgesamt verdeutlicht das dritte Kapitel, dass die Rolle der Genetik bei psychischen Problemen komplex ist und von verschiedenen Faktoren beeinflusst wird. Unsere Gene können ein erhöhtes Risiko für psychische Probleme mit sich bringen, aber es ist wichtig zu verstehen, dass dies nicht unser Schicksal ist. Durch ein besseres Verständnis der genetischen und epigenetischen Zusammenhänge sowie durch die Förderung gesunder Lebensgewohnheiten und den Zugang zu angemessener Unterstützung können wir unsere psychische Gesundheit positiv beeinflussen."

Kapitel 4:
Biologische Grundlagen psychischer Probleme

Neurotransmitter sind chemische Botenstoffe im Gehirn, die für die Übertragung von Informationen zwischen Nervenzellen verantwortlich sind. Eine Dysfunktion oder ein Ungleichgewicht dieser Neurotransmitter kann zu psychischen Störungen führen.

Zu Beginn des Kapitels führen wir in die grundlegenden Neurotransmitter ein, die eine wichtige Rolle in der Psychologie spielen. Einer der bekanntesten Neurotransmitter ist Serotonin, der an der Regulation von Stimmung, Schlaf, Appetit und Schmerzwahrnehmung beteiligt ist.
Ein Ungleichgewicht in der Verfügbarkeit oder Aufnahme von Serotonin im Gehirn kann zu Depressionen und Angststörungen führen. Ein weiterer wichtiger Neurotransmitter ist Dopamin, der mit Belohnung, Motivation und Bewegungskoordination in Verbindung gebracht wird. Ein Ungleichgewicht in der Dopaminfunktion kann zu Störungen wie der Parkinson-Krankheit oder Schizophrenie führen.

Neben Serotonin und Dopamin spielen auch andere Neurotransmitter eine wichtige Rolle bei der Regulation der geistigen Gesundheit. Noradrenalin beeinflusst die Aufmerksamkeit, Reaktionsfähigkeit und Stimmung, während GABA (Gamma-Aminobuttersäure) eine beruhigende Wirkung hat und Angstzustände reduziert.

Glutamat ist der wichtigste erregende Neurotransmitter im Gehirn und ist an Lernen, Gedächtnisbildung und neuronalen Plastizität beteiligt.

Wir erklären auch die Mechanismen, wie Neurotransmitter im Gehirn wirken. Wenn eine Nervenzelle ein Signal an eine andere Nervenzelle sendet, setzt sie Neurotransmitter frei, die an Rezeptoren auf der Oberfläche der Zielzelle binden.
Diese Bindung löst eine Reaktion in der Zielzelle aus und ermöglicht so die Übertragung des Signals. Ein Ungleichgewicht der Neurotransmitter kann die Signalübertragung stören und zu Fehlfunktionen im Gehirn führen.

Ein weiterer wichtiger Aspekt, den wir behandeln, ist die Bedeutung der Gehirnchemie bei psychischen Erkrankungen. Das Gehirn ist ein hochkomplexes Organ, in dem eine Vielzahl chemischer Prozesse ablaufen. Die Gehirnchemie umfasst die Zusammensetzung und Aktivität verschiedener Neurotransmitter, Enzyme, Hormone und weiterer Moleküle im Gehirn.
Eine Anomalie in der Gehirnchemie kann die Funktion und Kommunikation der Nervenzellen beeinflussen und somit psychische Störungen verursachen.

Wir betrachten auch den Einfluss von Genetik und Umweltfaktoren auf die Gehirnchemie und die Entwicklung psychischer Probleme. Genetische Faktoren können die Produktion, den Abbau oder die Rezeptoren der Neurotransmitter beeinflussen, was das Risiko für psychische Störungen erhöhen kann.

Umweltfaktoren wie Stress, traumatische Erfahrungen oder der Missbrauch von Substanzen können ebenfalls die Gehirnchemie beeinflussen und das Risiko für psychische Probleme erhöhen.

Im weiteren Verlauf des Kapitels betrachten wir verschiedene psychische Störungen im Zusammenhang mit den biologischen Grundlagen. Wir untersuchen, wie eine Dysregulation der Neurotransmitter und der Gehirnchemie bei Störungen wie Depressionen, Angststörungen, Essstörungen, Suchterkrankungen und posttraumatischen Belastungsstörungen eine Rolle spielen kann.
Wir erläutern, welche spezifischen Neurotransmitter-Systeme beeinträchtigt sein können und wie dies die Symptome und die Behandlungsmöglichkeiten beeinflusst.

Es ist wichtig anzumerken, dass die biologischen Grundlagen psychischer Probleme sehr komplex sind und dass psychische Störungen nicht ausschließlich auf biologische Faktoren zurückzuführen sind. Sie entstehen oft durch eine Kombination aus biologischen, psychologischen und sozialen Faktoren. Dennoch bietet das Verständnis der neurochemischen Prozesse und der Rolle der Neurotransmitter im Gehirn einen wichtigen Einblick in die Entstehung und Behandlung psychischer Probleme.

"Insgesamt verdeutlicht das Kapitel, die komplexe Verbindung zwischen Gehirnchemie und psychischer Gesundheit. Es betont die Bedeutung eines ausgewogenen Neurotransmitter-Haushalts und einer gesunden Gehirnfunktion für das psychische Wohlbefinden. Das Verständnis dieser biologischen Grundlagen kann helfen, psychische Störungen besser zu verstehen und gezielte Behandlungsansätze zu entwickeln."

Kapitel 5:
Einfluss von Umweltfaktoren auf die psychische Gesundheit

Unsere Lebensumstände und die Umgebung, in der wir leben, spielen eine entscheidende Rolle für unser Wohlbefinden. Unterschiedliche Umweltfaktoren können sowohl positive als auch negative Auswirkungen auf unsere psychische Gesundheit haben und sollten daher sorgfältig betrachtet werden.

Ein zentraler Umweltfaktor ist der soziale Zusammenhang. Eine unterstützende Familie, enge Freundschaften und ein starkes soziales Netzwerk können uns ein Gefühl der Wertschätzung und Verbundenheit vermitteln. Dadurch wird unser Selbstwertgefühl gestärkt und wir sind besser in der Lage, mit Stress und Herausforderungen umzugehen.

Positive zwischenmenschliche Beziehungen können uns dabei helfen, emotionale Unterstützung, Trost und praktische Hilfe in schwierigen Zeiten zu erhalten.

Andererseits können soziale Isolation, Einsamkeit, Mobbing oder anhaltende Konflikte in Beziehungen negative Auswirkungen auf unsere psychische Gesundheit haben und das Risiko für psychische Probleme erhöhen.

Die Qualität unserer Kindheit und Jugend spielt ebenfalls eine entscheidende Rolle. Erfahrungen in der frühen Lebensphase können langfristige Auswirkungen auf unsere psychische Gesundheit haben.

Kindheitstraumata wie Missbrauch, Vernachlässigung oder traumatische Ereignisse können zu langanhaltenden emotionalen und psychischen Belastungen führen. Diese können sich auf unsere Bewältigungsfähigkeiten, unser Selbstvertrauen und unsere zwischenmenschlichen Beziehungen auswirken und das Risiko für psychische Probleme im Erwachsenenalter erhöhen.

Es ist jedoch wichtig zu betonen, dass Heilung, Therapie und Unterstützung bei der Bewältigung von traumatischen Erfahrungen möglich sind.

Ein weiterer bedeutender Umweltfaktor, der unsere psychische Gesundheit beeinflusst, ist der Arbeitsplatz. Ein gesundes Arbeitsumfeld, das Unterstützung, Anerkennung und angemessene Arbeitsbedingungen bietet, kann zu einer positiven psychischen Gesundheit beitragen. Eine ausgewogene Work-Life-Balance, angemessene Pausen, ein respektvolles Arbeitsklima und die Möglichkeit, Fähigkeiten und Talente einzusetzen, können das Wohlbefinden am Arbeitsplatz fördern.

Hingegen können Stress, Überlastung, Mobbing, Konflikte oder ein Mangel an beruflicher Zufriedenheit zu psychischen Problemen führen. Es ist wichtig, auf die eigenen Bedürfnisse zu achten und gegebenenfalls Maßnahmen zu ergreifen, um ein gesundes Arbeitsumfeld zu schaffen oder Unterstützung bei der Bewältigung von Stress am Arbeitsplatz zu suchen.

Auch der Zugang zu Bildung, Gesundheitsversorgung und sozialen Ressourcen spielt eine wichtige Rolle bei der psychischen Gesundheit. Bildung ermöglicht es uns, Fähigkeiten und Wissen zu erwerben, die uns helfen, mit den Herausforderungen des Lebens umzugehen.

Menschen, die bessere Bildungsmöglichkeiten haben, können häufiger über Ressourcen und Strategien verfügen, um ihre psychische Gesundheit zu fördern und psychische Probleme zu bewältigen.

Der Zugang zu angemessener Gesundheitsversorgung ist ebenfalls entscheidend. Eine umfassende medizinische Betreuung, einschließlich psychischer Gesundheitsdienste, kann die Erkennung, Behandlung und Unterstützung von psychischen Problemen ermöglichen.

Der Mangel an Zugang zu solchen Diensten kann dazu führen, dass psychische Probleme unerkannt bleiben und sich verschlimmern. Daher ist es wichtig, dass Gesundheitssysteme angemessene Ressourcen für die psychische Gesundheit bereitstellen und Barrieren abbauen, um eine umfassende Versorgung für alle zu gewährleisten.

Des Weiteren können auch ökologische Faktoren Einfluss auf unsere psychische Gesundheit haben. Ein gesundes und sauberes Umfeld, Zugang zu Grünflächen und Natur, eine sichere Nachbarschaft und eine angemessene Infrastruktur tragen zu unserem Wohlbefinden bei. Eine Umgebung, die Sicherheit, Ruhe und Erholung bietet, kann Stress reduzieren und zur Förderung der psychischen Gesundheit beitragen.

Es ist wichtig zu betonen, dass Umweltfaktoren nicht immer in unserer Kontrolle liegen und wir nicht immer die Möglichkeit haben, unsere Umstände zu verändern. In solchen Fällen ist es entscheidend, Unterstützung zu suchen und Bewältigungsstrategien zu entwickeln, um mit den Herausforderungen umzugehen.

Das kann bedeuten, sich soziale Unterstützung zu suchen, gesunde Bewältigungsmechanismen zu erlernen oder professionelle Hilfe in Anspruch zu nehmen.

"Insgesamt verdeutlicht das vierte Kapitel, wie verschiedene Umweltfaktoren unsere psychische Gesundheit beeinflussen können. Es betont die Bedeutung eines unterstützenden sozialen Umfelds, einer gesunden Kindheit, eines positiven Arbeitsplatzes, eines guten Zugangs zu Bildung und Gesundheitsversorgung sowie eines angenehmen ökologischen Umfelds.

Durch die Berücksichtigung dieser Faktoren können wir unsere psychische Gesundheit besser verstehen und gezielt Maßnahmen ergreifen, um sie zu fördern und psychischen Problemen entgegenzuwirken. Das nächste Kapitel wird sich mit bewährten Strategien und Techniken befassen, um unsere Umweltfaktoren zu bewältigen und unsere psychische Gesundheit zu stärken."

Kapitel 6:
Arten von psychischen Störungen

In diesem Kapitel werden verschiedene Kategorien psychischer Störungen behandelt, die häufig diagnostiziert werden und einen erheblichen Einfluss auf das Leben der Betroffenen haben. Es ist von großer Bedeutung, die Vielfalt dieser Störungen zu verstehen, um ein Bewusstsein dafür zu schaffen und möglicherweise betroffenen Personen helfen zu können.

Eine bedeutende Kategorie psychischer Störungen sind die Angststörungen. Diese zeichnen sich durch anhaltende und übermäßige Ängste und Sorgen aus. Ein Beispiel für eine Angststörung ist die generalisierte Angststörung, bei der sich eine Person chronisch und übermäßig viele Sorgen macht, selbst wenn keine konkrete Gefahr vorliegt.

Panikstörung ist eine weitere Form von Angststörung, bei der wiederkehrende und unvorhersehbare Panikattacken auftreten. Weitere Arten von Angststörungen sind soziale Phobie, bei der starke Ängste in sozialen Situationen auftreten, und spezifische Phobien, bei denen eine übermäßige Angst vor bestimmten Objekten oder Situationen besteht. Agoraphobie hingegen bezieht sich auf die Angst vor öffentlichen Orten oder Situationen, in denen eine Flucht schwierig sein könnte.

Stimmungsstörungen sind eine weitere wichtige Kategorie psychischer Erkrankungen. Sie beeinflussen den emotionalen Zustand und können das tägliche Leben erheblich beeinträchtigen. Die bekannteste Stimmungsstörung ist die Depression. Bei dieser Erkrankung fühlt sich eine Person über einen längeren Zeitraum hinweg niedergeschlagen, verliert das Interesse an Aktivitäten, hat eine verringerte Energie und negative Denkmuster. Eine weitere häufige Stimmungsstörung ist die bipolare Störung, bei der episodische Phasen von Depression und Manie auftreten.

Während einer depressiven Phase fühlt sich die betroffene Person ähnlich wie bei einer Depression, während in manischen Phasen eine gehobene Stimmung, gesteigerte Energie und impulsives Verhalten vorherrschen können.

Persönlichkeitsstörungen sind tief verwurzelte und lang anhaltende Muster des Denkens, Fühlens und Verhaltens, die von der Norm abweichen und zu erheblichen Funktionsstörungen führen. Eine häufig diagnostizierte Persönlichkeitsstörung ist die Borderline-Persönlichkeitsstörung, die durch instabile Beziehungen, Impulsivität, Identitätsunsicherheit und starke Stimmungsschwankungen gekennzeichnet ist. Die narzisstische Persönlichkeitsstörung hingegen zeigt sich durch ein übermäßiges Bedürfnis nach Bewunderung, überhöhtes Selbstwertgefühl und mangelndes Einfühlungsvermögen. Die antisoziale Persönlichkeitsstörung ist durch ein wiederholtes Fehlverhalten, Missachtung der Rechte anderer und mangelnde Empathie geprägt.

Ein weiterer relevanter Bereich psychischer Störungen sind Essstörungen. Diese betreffen das Essverhalten und die Körperwahrnehmung. Die Anorexie ist eine Essstörung, bei der eine stark eingeschränkte Nahrungsaufnahme und ein intensiver Wunsch, dünn zu sein, vorliegen. Menschen mit Bulimie hingegen haben wiederholte Essanfälle, gefolgt von gegensteuerndem Verhalten wie Erbrechen oder übermäßiger Bewegung. Die Binge-Eating-Störung zeichnet sich durch regelmäßige Essanfälle aus, bei denen jedoch keine gegensteuernden Maßnahmen ergriffen werden.

Suchterkrankungen sind ebenfalls von großer Bedeutung, da sie zu einer erheblichen Beeinträchtigung der Lebensqualität führen können. Alkohol- und Drogenabhängigkeit sind bekannte Beispiele für Suchterkrankungen. Menschen mit Suchtproblemen haben ein zwanghaftes Verlangen nach Substanzen und können ihr Verhalten nicht kontrollieren, was zu schwerwiegenden gesundheitlichen, sozialen und beruflichen Konsequenzen führt.

Zusätzlich zu den Substanzabhängigkeiten kann auch die Glücksspielabhängigkeit als eine Form der Sucht betrachtet werden, bei der Menschen ein unkontrollierbares Verlangen haben, zu spielen und weiterzumachen, unabhängig von den negativen Folgen.

Eine weitere wichtige psychische Störung ist die Posttraumatische Belastungsstörung (PTBS). Diese tritt als Reaktion auf ein traumatisches Ereignis auf, das eine tiefe emotionale Wunde hinterlassen hat. Menschen mit PTBS erleben wiederkehrende traumatische Erinnerungen, Albträume, übermäßige Anspannung und Vermeidungsverhalten. Die Bewältigung einer PTBS erfordert oft professionelle Unterstützung und kann eine langfristige Herausforderung sein.

Im Kontext des Arbeitsplatzes spielen psychische Gesundheitsprobleme ebenfalls eine wichtige Rolle. Stress, Burnout und Mobbing sind nur einige der Herausforderungen, mit denen Arbeitnehmer konfrontiert werden können. Die Belastungen am Arbeitsplatz können sich negativ auf die psychische Gesundheit auswirken und verschiedene Störungen begünstigen.

Behandlungsmöglichkeiten für psychische Störungen umfassen verschiedene Ansätze. Psychotherapie ist eine gängige Methode, bei der eine therapeutische Beziehung aufgebaut wird, um den Betroffenen dabei zu helfen, ihre Probleme zu verstehen und zu bewältigen.

Medikamente können ebenfalls eine Rolle spielen, insbesondere bei schwereren Fällen, in denen eine pharmakologische Unterstützung erforderlich ist. Darüber hinaus gibt es alternative Ansätze wie Entspannungstechniken, körperliche Aktivität und alternative Therapiemethoden, die ergänzend zur konventionellen Behandlung eingesetzt werden können.

Der Umgang mit psychischen Problemen im Alltag ist ein weiterer wichtiger Aspekt. Selbstfürsorge, Stressbewältigungstechniken und die Suche nach Unterstützung im sozialen Umfeld sind entscheidend, um die psychische Gesundheit aufrechtzuerhalten. Der Austausch mit anderen Betroffenen, das Erlernen von Stressbewältigungsstrategien und das Schaffen eines unterstützenden Umfelds können dazu beitragen, mit psychischen Problemen umzugehen und den Heilungsprozess zu fördern.

Abschließend bietet das Buch auch Geschichten von Menschen, die ihre psychischen Probleme erfolgreich bewältigt haben. Diese Geschichten dienen als Quelle der Hoffnung und zeigen, dass es möglich ist, mit psychischen Störungen umzugehen und Heilung zu finden. Sie verdeutlichen, dass Unterstützung, Behandlung und Selbstfürsorge entscheidende Faktoren sind, um psychische Gesundheit wiederzugewinnen und ein erfülltes Leben zu führen.

„Dieses Kapitel liefert einen umfassenden Überblick über die verschiedenen Arten von psychischen Störungen. Es ist wichtig zu betonen, dass eine genaue Diagnose und Behandlung von Fachleuten im Bereich der psychischen Gesundheit erfolgen sollte, da sie über das notwendige Fachwissen und die Erfahrung verfügen, um eine angemessene Unterstützung und Behandlung anzubieten."

Kapitel 7:
Depression: Ursachen, Symptome und Behandlungsmöglichkeiten

Als ich mich mit dem Thema Depressionen auseinandergesetzt habe, war ich erstaunt über die Komplexität dieser Erkrankung und die Auswirkungen, die sie auf das Leben der Betroffenen haben kann. In diesem Kapitel möchte ich dir einen umfassenden Einblick in die Ursachen, Symptome und Behandlungsmöglichkeiten von Depressionen geben.

Ursachen von Depressionen: Es ist wichtig zu verstehen, dass Depressionen nicht durch eine einzige Ursache verursacht werden, sondern dass verschiedene Faktoren zusammenspielen. Eine genetische Veranlagung kann eine Rolle spielen, wodurch das Risiko für Depressionen in der Familie erhöht sein kann.

Das heißt jedoch nicht, dass Depressionen zwangsläufig vererbt werden, sondern dass die genetische Veranlagung ein möglicher Faktor ist. Darüber hinaus können biochemische Ungleichgewichte im Gehirn, insbesondere bei den Neurotransmittern Serotonin, Noradrenalin und Dopamin, an der Entstehung von Depressionen beteiligt sein. Diese Neurotransmitter spielen eine wichtige Rolle bei der Regulierung von Stimmung und Emotionen. Störungen in ihrem Gleichgewicht können zu depressiven Symptomen führen.

Aber auch Umweltfaktoren wie traumatische Ereignisse, chronischer Stress, Verluste und soziale Isolation können das Risiko für Depressionen erhöhen. Es ist wichtig, diese verschiedenen Faktoren zu verstehen, um ein ganzheitliches Bild der Erkrankung zu erhalten und angemessene Behandlungsansätze zu finden.

Symptome von Depressionen: Depressionen äußern sich nicht nur in emotionalen Symptomen wie anhaltender Traurigkeit, Hoffnungslosigkeit und Interessenverlust, sondern auch in körperlichen Symptomen wie Müdigkeit, Schlafstörungen, Appetit veränderungen und körperlichen Beschwerden. Darüber hinaus können kognitive Symptome wie Konzentrations- und Gedächtnisprobleme auftreten, und depressive Menschen haben oft negative Gedanken und Gefühle von Wertlosigkeit und Schuld. Es ist wichtig zu verstehen, dass diese Symptome ernst zu nehmen sind und nicht einfach ignoriert werden sollten. Oftmals führen sie zu erheblichen Beeinträchtigungen im Alltag und beeinflussen die Lebensqualität der Betroffenen. Daher ist es von großer Bedeutung, die Symptome zu erkennen und professionelle Hilfe in Anspruch zu nehmen.

Behandlungsmöglichkeiten: Es gibt verschiedene Ansätze zur Behandlung von Depressionen, und es ist wichtig zu betonen, dass nicht jede Behandlungsmethode für jeden Menschen gleichermaßen wirksam ist. Eine der häufigsten und effektivsten Behandlungsmethoden ist die Psychotherapie, insbesondere die kognitive Verhaltenstherapie (CBT). Diese Therapieform zielt darauf ab, negative Denkmuster zu identifizieren und zu verändern sowie gesunde Verhaltensmuster zu entwickeln.

In einigen Fällen kann auch eine medikamentöse Behandlung in Form von Antidepressiva empfohlen werden, um das biochemische Gleichgewicht im Gehirn zu regulieren. Es ist wichtig, diese Medikamente unter ärztlicher Aufsicht einzunehmen und mögliche Nebenwirkungen zu beachten. Zusätzlich zur traditionellen Therapie gibt es auch alternative Ansätze wie Sporttherapie, Kunsttherapie und Entspannungstechniken, die unterstützend wirken können. Jeder Mensch ist einzigartig, daher ist es wichtig, einen individuellen Ansatz zu finden, der am besten zu den Bedürfnissen und Vorlieben des Einzelnen passt.

Abschließend möchte ich betonen, dass Depressionen eine ernstzunehmende Erkrankung sind, die nicht allein bewältigt werden sollte. Es ist mutig und wichtig, Hilfe zu suchen und Unterstützung anzunehmen. Professionelle Therapeuten, Psychiater und Selbsthilfegruppen können dabei helfen, den Weg zur Genesung zu gehen. Gleichzeitig möchte ich dir Mut machen und betonen, dass es Hoffnung und Heilung gibt.

„In diesem Kapitel haben wir uns mit den Ursachen, Symptomen und Behandlungsmöglichkeiten von Depressionen auseinandergesetzt, um ein besseres Verständnis für diese Erkrankung zu entwickeln. Ich hoffe, dass diese Informationen dir und anderen Betroffenen dabei helfen, den richtigen Weg zur Genesung zu finden und sich Unterstützung zu holen, um ein erfülltes und glückliches Leben zu führen."

Kapitel 8:

Angststörungen

Im Kapitel "Angststörungen" werden verschiedene Arten von psychischen Störungen behandelt, die durch übermäßige und anhaltende Ängste gekennzeichnet sind. Angst ist eine normale Reaktion des Körpers auf potenzielle Bedrohungen, aber bei Menschen mit Angststörungen gerät dieses natürliche Angstempfinden außer Kontrolle und beeinträchtigt ihr tägliches Leben erheblich.

Eine häufige Form der Angststörung ist die generalisierte Angststörung (GAS). Menschen mit GAS erleben eine chronische und übermäßige Sorge und Ängstlichkeit über verschiedene Lebensbereiche, auch wenn es keine konkreten oder offensichtlichen Gründe dafür gibt. Sie machen sich ständig Sorgen um alltägliche Dinge wie Arbeit, Finanzen, Gesundheit oder zwischenmenschliche Beziehungen. Diese ständige Sorge führt zu anhaltender Anspannung, Schlafstörungen, Konzentrationsschwierigkeiten und körperlichen Symptomen wie Muskelverspannungen oder Kopfschmerzen.

Eine andere Art von Angststörung sind die Panikstörungen. Menschen mit Panikstörungen leiden unter wiederkehrenden und plötzlichen Panikattacken, die unerwartet auftreten und von intensiver Angst begleitet werden. Während einer Panikattacke können körperliche Symptome wie Herzrasen, Atemnot, Schwindelgefühl und ein Gefühl von Kontrollverlust auftreten.

Die Angst vor erneuten Panikattacken kann dazu führen, dass Betroffene bestimmte Orte oder Situationen vermeiden, was als Agoraphobie bezeichnet wird.

Soziale Phobie ist eine weitere Form von Angststörung, bei der Menschen eine überwältigende Angst vor sozialen Situationen haben. Sie fühlen sich ängstlich und unwohl in der Gegenwart anderer Menschen, haben Angst, beobachtet oder bewertet zu werden und vermeiden daher soziale Interaktionen. Diese Angst kann das persönliche und berufliche Leben stark beeinträchtigen und zu Isolation führen.

Zusätzlich zu diesen drei Hauptarten von Angststörungen gibt es noch weitere spezifische Phobien. Diese umfassen die irrationale und übermäßige Angst vor bestimmten Objekten oder Situationen wie Spinnen, Höhen, Flugreisen oder engen Räumen. Menschen mit spezifischen Phobien verspüren oft einen starken Drang, diese Auslöser zu meiden, um die damit verbundene Angst zu vermeiden.

Es ist wichtig zu beachten, dass Angststörungen behandelbar sind. Die Behandlung umfasst in der Regel eine Kombination aus Psychotherapie und gegebenenfalls medikamentöser Unterstützung. Die kognitive Verhaltenstherapie ist eine häufig verwendete Therapiemethode, bei der negative Denkmuster und Verhaltensmuster, die zur Angst beitragen, identifiziert und modifiziert werden. In einigen Fällen können auch Medikamente wie selektive Serotonin-Wiederaufnahmehemmer (SSRI) oder Benzodiazepine verschrieben werden, um die Symptome zu lindern.

„Das Verständnis der verschiedenen Arten von Angststörungen kann dazu beitragen, das Bewusstsein für diese Erkrankungen zu fördern und Betroffenen zu helfen, Unterstützung und angemessene Behandlung zu suchen. Indem wir uns der Symptome bewusst sind und wissen, dass Hilfe verfügbar ist, können wir dazu beitragen, das Stigma im Zusammenhang mit Angststörungen abzubauen und den Weg zu einer besseren psychischen Gesundheit ebnen.“

<u>Kapitel 9: Essstörungen</u>

Im Kapitel "Essstörungen" werden verschiedene Störungen behandelt, die das Essverhalten und die Körperwahrnehmung betreffen. Essstörungen sind ernsthafte psychische Erkrankungen, die sowohl körperliche als auch emotionale Auswirkungen haben können.

Eine der bekanntesten Essstörungen ist die Anorexie, auch bekannt als Magersucht. Bei dieser Störung haben Menschen eine starke Furcht vor Gewichtszunahme und eine verzerrte Körperwahrnehmung, bei der sie sich als übergewichtig wahrnehmen, obwohl sie tatsächlich stark untergewichtig sind.

Menschen mit Anorexie halten oft strikte Diäten ein, beschränken ihre Nahrungsaufnahme stark und üben exzessiven körperlichen Aktivitäten aus, um Gewicht zu verlieren. Dieses Verhalten kann zu erheblichen gesundheitlichen Problemen wie Nährstoffmangel, Muskelabbau, Osteoporose und Herzproblemen führen.

Eine weitere Essstörung ist die Bulimie. Bei dieser Störung haben Betroffene wiederkehrende Essanfälle, bei denen sie große Mengen an Nahrung in kurzer Zeit konsumieren. Nach solchen Essanfällen verspüren sie jedoch eine überwältigende Scham und Schuldgefühle. Um das Gewicht zu kontrollieren oder Gewichtszunahme zu verhindern, ergreifen sie gegensteuernde Maßnahmen wie Erbrechen, übermäßige Bewegung oder den Missbrauch von Abführmitteln oder Diuretika.

Die Bulimie kann zu ernsthaften gesundheitlichen Problemen wie Zahnschäden, Elektrolytstörungen, Magen-Darm-Problemen und Herzrhythmusstörungen führen.

Die Binge-Eating-Störung ist eine weitere Form der Essstörung, bei der Menschen wiederholt Essanfälle erleben, jedoch keine gegensteuernden Maßnahmen ergreifen. Sie haben das Gefühl, die Kontrolle über ihr Essverhalten zu verlieren und essen große Mengen an Nahrung in kurzer Zeit.

Betroffene leiden oft unter starken Gefühlen von Scham, Schuld und Unwohlsein aufgrund ihres Essverhaltens. Die Binge-Eating-Störung kann zu Gewichtszunahme, Fettleibigkeit, Diabetes und anderen gesundheitlichen Komplikationen führen.

Essstörungen können schwerwiegende Auswirkungen auf die physische und psychische Gesundheit haben. Sie werden oft durch eine Kombination von Faktoren verursacht, darunter genetische, biologische, psychologische und soziale Einflüsse. Gesellschaftliche Schönheitsideale, Perfektionismus, geringes Selbstwertgefühl und traumatische Erfahrungen können ebenfalls eine Rolle spielen.

Die Behandlung von Essstörungen erfordert normalerweise eine umfassende Herangehensweise. Eine Kombination aus psychotherapeutischer Unterstützung, Ernährungsberatung und medizinischer Betreuung kann eingesetzt werden, um Betroffenen zu helfen.

Ziel ist es, ein gesundes Essverhalten, eine positive Körperwahrnehmung und emotionales Wohlbefinden zu entwickeln. Eine frühzeitige Intervention ist wichtig, um die besten Ergebnisse zu erzielen und mögliche Komplikationen zu vermeiden.

„Es ist wichtig zu betonen, dass Essstörungen ernsthafte Erkrankungen sind, die professionelle Hilfe erfordern. Wenn du oder jemand, den du kennst, Anzeichen einer Essstörung zeigt, ist es wichtig, Unterstützung von Fachleuten im Bereich der psychischen Gesundheit zu suchen. Es gibt Hilfe verfügbar, und mit angemessener Behandlung und Unterstützung können Menschen mit Essstörungen ihren Weg zu einer gesunden Beziehung zum Essen und zu sich selbst finden.“

Kapitel 10: Suchterkrankung

In diesem Kapitel geht es um den problematischen Gebrauch von Substanzen wie Alkohol, Drogen und Glücksspiel. Suchterkrankungen sind komplexe psychische Störungen, die sowohl körperliche als auch psychische Abhängigkeit verursachen können.

Für mich persönlich ist das Thema Suchterkrankungen von großer Bedeutung, da ich selbst enge Freunde oder Familienmitglieder hatte, die mit den Auswirkungen von Sucht zu kämpfen hatten. Es ist wichtig zu verstehen, dass Suchterkrankungen Menschen aus allen Gesellschaftsschichten betreffen können und dass sie nicht auf mangelnde Willenskraft oder Charakterschwäche zurückzuführen sind.
Vielmehr handelt es sich um komplexe Erkrankungen, die von einer Kombination genetischer, biologischer, psychologischer und Umweltfaktoren beeinflusst werden.

Der Missbrauch von Substanzen wie Alkohol, Drogen und das exzessive Glücksspiel können zunächst als eine Form der Entlastung oder Bewältigung von Stress, Trauma oder emotionalen Schwierigkeiten dienen. Menschen können sie als Fluchtmittel verwenden, um vor Problemen zu fliehen oder negative Gefühle zu betäuben.

Doch im Laufe der Zeit kann sich daraus eine Abhängigkeit entwickeln, bei der der Konsum der Substanz oder das Glücksspiel zwanghaft wird und das Leben des Betroffenen negativ beeinflusst.

Eine Suchterkrankung kann verschiedene Folgen haben. Körperlich können sich gesundheitliche Probleme wie Leberschäden, Herz-Kreislauf-Erkrankungen, Lungenprobleme und Infektionskrankheiten entwickeln. Die Substanzabhängigkeit kann auch zu Entzugserscheinungen führen, wenn der Körper versucht, sich an das Fehlen der Substanz anzupassen.

Psychisch können sich Angstzustände, Depressionen, Paranoia und eine Beeinträchtigung des Urteilsvermögens entwickeln. Soziale Folgen wie der Verlust von Freundschaften, Familienkonflikte, finanzielle Probleme und der Verlust des Arbeitsplatzes können ebenfalls auftreten.

Es ist wichtig zu verstehen, dass Suchterkrankungen behandelt werden können. Der erste Schritt ist, die Erkrankung anzuerkennen und professionelle Hilfe zu suchen. Die Behandlung umfasst oft eine Kombination aus medizinischer Betreuung, Therapie und sozialer Unterstützung.

Entgiftung, Entwöhnungstherapien und Rehabilitationsprogramme können helfen, den Entzug zu bewältigen und die körperliche Abhängigkeit zu überwinden. Therapieformen wie kognitive Verhaltenstherapie, Motivation Interviews und Unterstützungsgruppen können dazu beitragen, die psychologische Abhängigkeit zu behandeln und neue Bewältigungsstrategien zu erlernen.

Für Betroffene und ihre Angehörigen ist es wichtig, Unterstützung und Verständnis zu erhalten. Eine gute soziale Unterstützung kann einen positiven Einfluss auf den Genesungsprozess haben.

Es ist jedoch auch wichtig zu betonen, dass der Weg zur Genesung oft ein langer und herausfordernder Prozess sein kann, der Rückfälle beinhalten kann. Dennoch ist es möglich, ein Leben ohne Sucht zu führen und eine positive Veränderung herbeizuführen.

„Ich hoffe, diese ausführlichere Erklärung gibt dir einen tieferen Einblick in das Thema Suchterkrankungen und verdeutlicht die Bedeutung von Unterstützung und Behandlung für Betroffene und ihre Angehörigen. Wenn du selbst oder jemand, den du kennst, mit einer Suchterkrankung zu kämpfen hat, ermutige ich dich, professionelle Hilfe zu suchen und Unterstützung anzunehmen."

Kapitel 11: Posttraumatische Belastungsstörung

Die Posttraumatische Belastungsstörung (PTBS) ist eine komplexe und tiefgreifende psychische Erkrankung, die nach dem Erleben oder Zeugen eines traumatischen Ereignisses auftreten kann.

Stell dir vor, du wärst in eine Situation von extremer Gefahr oder Bedrohung verwickelt, bei der dein Leben oder das Leben anderer Menschen auf dem Spiel steht. Solche Ereignisse können eine tiefe emotionale Wunde hinterlassen und das Leben der Betroffenen auf vielfältige Weise beeinflussen.

Menschen mit PTBS können eine breite Palette von Symptomen erleben, die ihr tägliches Leben stark beeinträchtigen können. Eine der markantesten Symptome sind wiederkehrende und quälende Flashbacks, bei denen die betroffene Person das traumatische Ereignis in all seinen schmerzhaften Details immer wieder erlebt. Diese Flashbacks können unerwartet auftreten und die Person in die Vergangenheit zurückversetzen, wodurch sie die Kontrolle über ihre gegenwärtige Realität verlieren kann.

Neben den Flashbacks können auch belastende Albträume auftreten, die den Schlaf stören und die Erholung behindern. Diese Albträume können so real und intensiv sein, dass sie die Person mit Angst und Schrecken erfüllen und die Ängste und Emotionen des Traumas erneut hervorrufen. Die Betroffenen können auch starke Vermeidungsreaktionen zeigen, bei denen sie bestimmte Orte, Menschen, Aktivitäten oder sogar Gespräche meiden, die sie an das traumatische Ereignis erinnern könnten.

Diese Vermeidungsmechanismen dienen dazu, den Schmerz und die Unruhe zu verringern, können jedoch zu sozialer Isolation und einem eingeschränkten Leben führen.

Menschen mit PTBS können auch negative Veränderungen in ihrer Stimmung und ihrem Denken erleben. Sie können sich emotional abgestumpft oder entfremdet fühlen, als ob sie von ihren eigenen Gefühlen abgeschnitten wären.

Die Welt kann grau und bedrohlich erscheinen, und die Betroffenen können Schwierigkeiten haben, positive Emotionen zu empfinden. Darüber hinaus können negative Gedanken und Überzeugungen über sich selbst, andere Menschen und die Welt vorherrschen. Sie können sich schuldig fühlen, das Ereignis nicht verhindert zu haben, oder sich selbst die Schuld für das Trauma geben.

Ein weiteres häufiges Symptom der PTBS ist eine erhöhte Erregbarkeit, die sich auf verschiedene Weise manifestieren kann. Menschen mit PTBS können leicht reizbar sein und ihre Geduld und Toleranzgrenzen sind oft niedriger als zuvor. Sie können Schwierigkeiten haben, sich zu konzentrieren und ihre Aufmerksamkeit aufrechtzuerhalten.

Schlafstörungen sind ebenfalls häufig, einschließlich Schlaflosigkeit, Albträume oder wiederkehrende Gedanken, die den Schlaf stören und zu Müdigkeit und Erschöpfung führen können. Darüber hinaus können sie Schreckreaktionen zeigen, bei denen sie bei geringfügigen Auslösern extrem erschrecken oder überreagieren.

Die PTBS kann das Leben der Betroffenen erheblich beeinflussen und sie vor große Herausforderungen stellen. Glücklicherweise gibt es jedoch wirksame Behandlungsmöglichkeiten für PTBS. Eine frühzeitige Diagnose und Intervention sind entscheidend für den Behandlungserfolg.

Therapieansätze wie die kognitive Verhaltenstherapie haben sich als besonders effektiv erwiesen, um die Symptome der PTBS zu lindern und den Betroffenen zu helfen, das Trauma zu verarbeiten. Eine andere vielversprechende Therapiemethode ist die Eye Movement Desensitization and Reprocessing (EMDR), bei der die Betroffenen ihre traumatischen Erinnerungen durch Augenbewegungen oder andere bilaterale Stimulationen verarbeiten.

In einigen Fällen können auch Medikamente zur Behandlung von PTBS eingesetzt werden, insbesondere zur Linderung von Symptomen wie Angstzuständen, Depressionen oder Schlafstörungen. Es ist jedoch wichtig zu beachten, dass Medikamente allein keine dauerhafte Lösung bieten und in Kombination mit anderen Therapieansätzen verwendet werden sollten.

Eine starke soziale Unterstützung ist ebenfalls von großer Bedeutung für Menschen mit PTBS. Familie, Freunde und Unterstützungsgruppen können eine wichtige Rolle bei der Unterstützung und Ermutigung der Betroffenen spielen. Indem sie Verständnis, Mitgefühl und Unterstützung bieten, können sie dazu beitragen, dass sich die Betroffenen weniger isoliert und allein fühlen.

Es ist wichtig zu verstehen, dass PTBS keine Schwäche oder Versagen ist, sondern eine natürliche Reaktion auf außergewöhnlich belastende Ereignisse. Der Weg zur Heilung kann jedoch Zeit, Geduld und Unterstützung erfordern. Jeder Mensch ist einzigartig und der Heilungsprozess kann individuell unterschiedlich sein.

Mit der richtigen Unterstützung und Behandlung können viele Menschen mit PTBS jedoch erhebliche Fortschritte machen und eine bessere Lebensqualität erreichen.

„Ich hoffe, diese ausführliche und leicht verständliche Erklärung zur Posttraumatischen Belastungsstörung hat dir geholfen, das Thema besser zu verstehen. Wenn du selbst oder jemand, den du kennst, von PTBS betroffen ist, ermutige ich dich, professionelle Hilfe zu suchen und Unterstützung anzunehmen. Es gibt Hoffnung und Wege der Heilung, und niemand sollte alleine mit dieser Belastung kämpfen müssen.“

Kapitel 12:
psychische Gesundheit am Arbeitsplatz

Psychische Gesundheit am Arbeitsplatz ist ein Thema von zunehmender Bedeutung in unserer modernen Arbeitswelt. Wir verbringen einen Großteil unserer Zeit bei der Arbeit, und die Auswirkungen des Arbeitsumfelds auf unsere psychische Gesundheit sind nicht zu unterschätzen.

Ein positives Arbeitsumfeld kann unsere psychische Gesundheit fördern und zu unserem Wohlbefinden beitragen, während ein negatives Arbeitsumfeld zu Stress, Burnout und anderen psychischen Problemen führen kann.

Stress ist ein häufiges Problem am Arbeitsplatz und kann sich negativ auf unsere geistige und körperliche Gesundheit auswirken. Hohe Arbeitsbelastung, Zeitdruck, Konflikte am Arbeitsplatz und mangelnde Unterstützung können zu chronischem Stress führen. Dieser Stress kann zu Erschöpfung, Angstzuständen, Schlafstörungen und anderen psychischen Problemen führen. Daher ist es wichtig, dass Arbeitgeber Maßnahmen ergreifen, um Stress am Arbeitsplatz zu reduzieren und ein gesundes Gleichgewicht zwischen Arbeits- und Privatleben zu fördern.

Ein Aspekt der psychischen Belastung am Arbeitsplatz ist das Fehlen von Autonomie und Kontrolle. Wenn Mitarbeiterinnen und Mitarbeiter das Gefühl haben, dass sie keine Entscheidungen treffen können, ihre Arbeit nicht selbstständig gestalten können und ständig Anweisungen befolgen müssen, kann dies zu einem Gefühl der Frustration und der Hilflosigkeit führen.

Es ist wichtig, dass Arbeitgeber ihren Mitarbeitenden ein gewisses Maß an Autonomie und Entscheidungsfreiheit ermöglichen. Indem sie Verantwortung übertragen, Mitarbeiterinnen und Mitarbeitern erlauben, ihre Arbeitsabläufe mitzugestalten und sie in Entscheidungsprozesse einbeziehen, können sie das Gefühl der Kontrolle stärken und damit die psychische Belastung reduzieren.

Ein weiterer Aspekt der psychischen Belastung am Arbeitsplatz ist das Fehlen von sozialer Unterstützung. Wenn Mitarbeiterinnen und Mitarbeiter sich isoliert und nicht unterstützt fühlen, kann dies zu Gefühlen der Einsamkeit, des Stresses und der Überlastung führen. Ein unterstützendes Arbeitsumfeld, in dem offene Kommunikation, Teamarbeit und gegenseitige Unterstützung gefördert werden, ist daher von großer Bedeutung.

Arbeitgeber sollten Maßnahmen ergreifen, um eine positive Unternehmenskultur zu schaffen, in der Kolleginnen und Kollegen sich unterstützen, Feedback geben und gemeinsam Lösungen finden können. Die Förderung von Teamaktivitäten, gemeinsamen Pausen und sozialen Veranstaltungen kann ebenfalls dazu beitragen, das Gefühl der Zugehörigkeit und Unterstützung zu stärken.

Darüber hinaus kann eine gute Möglichkeit, das Arbeitsklima zu verbessern, die Einführung von Mentoring-Programmen sein. Mentoring ermöglicht den Austausch von Erfahrungen, Wissen und Ressourcen zwischen erfahrenen Mitarbeitern und jüngeren Kollegen.

Durch die Etablierung von Mentor-Mentee-Beziehungen können Mitarbeiterinnen und Mitarbeiter von wertvollen Einblicken und Unterstützung profitieren, sei es bei der Karriereentwicklung, der Bewältigung von Herausforderungen oder der Förderung des Wohlbefindens. Mentoring-Programme fördern nicht nur den Wissenstransfer, sondern auch den Aufbau von Beziehungen und Vertrauen im Arbeitsumfeld, was zu einer positiven und unterstützenden Atmosphäre beitragen kann.

Die Förderung der psychischen Gesundheit am Arbeitsplatz erfordert ein ganzheitliches Herangehen. Arbeitgeber sollten Maßnahmen ergreifen, um ein positives Arbeitsumfeld zu schaffen, das die physische und psychische Gesundheit der Mitarbeiterinnen und Mitarbeiter unterstützt.
Dazu gehören Maßnahmen wie Flexibilität bei der Arbeitszeitgestaltung, klare Kommunikation, angemessene Pausen und Erholungszeiten, Möglichkeiten zur Weiterentwicklung und Förderung eines gesunden Lebensstils. Programme zur Stressbewältigung, zur Förderung der Resilienz und zur Sensibilisierung für psychische Gesundheit können ebenfalls von großem Nutzen sein.

Es ist wichtig, dass Arbeitgeber und Führungskräfte eine Kultur der offenen Kommunikation und des Verständnisses fördern, in der Mitarbeiterinnen und Mitarbeiter über ihre psychische Gesundheit sprechen können, ohne Stigmatisierung oder negative Konsequenzen zu befürchten.

Individuen können auch selbst Maßnahmen ergreifen, um ihre psychische Gesundheit am Arbeitsplatz zu fördern. Dazu gehören Strategien zur Stressbewältigung, wie zum Beispiel regelmäßige Pausen, körperliche Aktivität, gesunde Ernährung und ausreichend Schlaf. Das Setzen von realistischen Zielen, das Festlegen von Prioritäten und das Erstellen eines ausgewogenen Arbeitsplans können ebenfalls dazu beitragen, die Belastung zu reduzieren.
Es ist auch wichtig, soziale Unterstützung zu suchen, sei es durch den Austausch mit Kollegen, den Besuch von Unterstützungsgruppen oder die Inanspruchnahme von professioneller Hilfe, wenn nötig.

„Die psychische Gesundheit am Arbeitsplatz sollte als gemeinsame Verantwortung von Arbeitgebern, Führungskräften und Mitarbeitern angesehen werden. Durch die Schaffung eines gesunden Arbeitsumfelds, den Umgang mit Stress und die Förderung der psychischen Gesundheit können wir dazu beitragen, dass Arbeit zu einer positiven und bereichernden Erfahrung wird. Indem wir die psychische Gesundheit am Arbeitsplatz unterstützen, können wir das Wohlbefinden und die Leistungsfähigkeit der Mitarbeiterinnen und Mitarbeiter steigern und letztendlich eine gesündere und erfolgreichere Arbeitskultur schaffen."

Kapitel 13:
Behandlungsmethoden

Jetzt werden Ihnen verschiedene Ansätze vorgestellt, die zur Bewältigung psychischer Probleme genutzt werden können. Es bietet einen umfassenden Überblick über die verschiedenen Methoden und Strategien, die entwickelt wurden, um Menschen dabei zu unterstützen, ihre psychische Gesundheit zu verbessern und ihre Lebensqualität zu steigern.

Eine der bekanntesten und effektivsten Formen der Behandlung ist die Psychotherapie. Bei der Psychotherapie arbeiten Therapeuten eng mit den Betroffenen zusammen, um die zugrunde liegenden Ursachen ihrer psychischen Probleme zu identifizieren und geeignete Bewältigungsstrategien zu entwickeln. Eine häufig angewandte Form der Psychotherapie ist die kognitive Verhaltenstherapie.

Hierbei werden negative Denkmuster und Verhaltensweisen erkannt und verändert, um positive Veränderungen im Denken und Handeln herbeizuführen. Durch den Aufbau von Bewältigungsfähigkeiten, die Förderung von Selbstreflexion und die Stärkung der Selbstwirksamkeit können Betroffene lernen, mit ihren Herausforderungen umzugehen und positive Veränderungen in ihrem Leben herbeizuführen.

Medikamente werden oft in Kombination mit Psychotherapie eingesetzt, insbesondere bei schwereren Formen psychischer Störungen. Antidepressiva, Antipsychotika und Angstlöser sind einige der Medikamente, die zur Linderung spezifischer Symptome eingesetzt werden können.

Es ist wichtig zu beachten, dass die Verwendung von Medikamenten immer unter ärztlicher Aufsicht erfolgen sollte, um eine angemessene Dosierung und Überwachung zu gewährleisten und mögliche Nebenwirkungen zu minimieren.

Neben der traditionellen Psychotherapie und medikamentösen Behandlung gibt es auch alternative Ansätze, die als Ergänzung oder eigenständig eingesetzt werden können. Künstlerische Therapien wie Musik- oder Kunsttherapie ermöglichen den Ausdruck von Emotionen und Erfahrungen auf kreative Weise.

Bewegungstherapien wie Tanz- oder Sporttherapie können dazu beitragen, körperliche und emotionale Spannungen abzubauen und das Wohlbefinden zu steigern. Entspannungstechniken wie Meditation, Atemübungen und Yoga können ebenfalls effektive Mittel sein, um Stress abzubauen und die innere Balance wiederherzustellen.

Ein weiterer wichtiger Aspekt bei der Behandlung psychischer Probleme liegt in der Schaffung eines positiven und unterstützenden Arbeitsklimas. Psychische Belastungen am Arbeitsplatz wie Stress, Burnout und Mobbing können erhebliche Auswirkungen auf die psychische Gesundheit haben. Arbeitgeber und Führungskräfte spielen eine entscheidende Rolle dabei, Maßnahmen zu ergreifen, um die psychische Gesundheit der Mitarbeiterinnen und Mitarbeiter zu fördern.

Dazu gehört die Schaffung eines respektvollen und inklusiven Arbeitsumfelds, in dem offene Kommunikation, Zusammenarbeit und Unterstützung gefördert werden. Flexibilität bei der Arbeitszeitgestaltung und die Förderung einer gesunden Work-Life-Balance sind ebenfalls wichtige Aspekte. Darüber hinaus können Schulungen und Sensibilisierungsmaßnahmen für Führungskräfte und Mitarbeiterinnen und Mitarbeiter helfen, das Bewusstsein für psychische Gesundheit zu schärfen und Unterstützungsmöglichkeiten zu verbessern.

„Indem Menschen sich mit den verschiedenen Behandlungsmöglichkeiten vertraut machen und sie individuell an ihre Bedürfnisse anpassen, können sie einen ganzheitlichen Ansatz zur Verbesserung ihrer psychischen Gesundheit verfolgen. Die Kombination von Psychotherapie, medikamentöser Behandlung, alternativen Ansätzen und einem positiven Arbeitsumfeld kann zu einem umfassenden Behandlungsplan führen, der Menschen dabei hilft, ihre psychischen Probleme zu bewältigen und Hoffnung auf Heilung und ein erfülltes Leben zu finden.“

Kapitel 14:
Umgang mit psychischen Problemen im Alltag

Wir nähern uns dem Ende unseres Buches, und in diesem vorletzten Kapitel möchten ich leicht verständliche Tipps und ermutigende Beispiele geben, wie Sie sich selbst unterstützen, Stress bewältigen und die nötige Unterstützung finden können. Machen Sie sich bereit, Ihr Wohlbefinden zu stärken und neue Wege zu entdecken, um mit psychischen Herausforderungen umzugehen.

Selbstfürsorge:

Beginnen wir mit einem entscheidenden Thema: Selbstfürsorge. In unserem hektischen Alltag vergessen wir oft, uns um uns selbst zu kümmern. Doch es ist von großer Bedeutung, dass Sie sich Zeit nehmen, um auf sich selbst zu achten. Stellen Sie sich vor, Sie haben einen langen, stressigen Tag hinter sich und fühlen sich erschöpft. Ein Beispiel für Selbstfürsorge könnte sein, dass Sie bewusst eine Pause einlegen und sich eine Wohlfühl-Aktivität gönnen. Das könnte das Lesen eines guten Buches sein, das Hören Ihrer Lieblingsmusik oder das Genießen einer entspannenden Tasse Tee. Indem Sie sich diese Zeit für sich nehmen, tanken Sie neue Energie auf und stärken Ihre psychische Gesundheit.

<u>Stressbewältigung:</u>

Ein weiteres wichtiges Thema ist die Bewältigung von Stress. Stress kann eine große Belastung für unsere psychische Gesundheit sein, aber es gibt Strategien, die Ihnen helfen können, damit umzugehen. Stellen Sie sich vor, Sie sind in einer stressigen Situation, in der Sie das Gefühl haben, den Überblick zu verlieren. Ein einfaches Beispiel für effektive Stressbewältigung könnte sein, dass Sie bewusst tief ein- und ausatmen.
Nehmen Sie sich einen Moment Zeit, um Ihre Gedanken zu beruhigen und sich auf Ihre Atmung zu konzentrieren. Diese einfache Atemübung kann Ihnen helfen, Ihre innere Ruhe wiederzufinden und den Stresspegel zu senken.

<u>Unterstützung finden:</u>

Es ist wichtig zu wissen, dass Sie nicht allein sind und Unterstützung in schwierigen Zeiten finden können. Oft fühlen wir uns isoliert und denken, dass niemand unsere Gefühle und Herausforderungen nachvollziehen kann. Doch es gibt Menschen, die bereit sind, uns beizustehen und uns zu unterstützen. Stellen Sie sich vor, Sie fühlen sich überfordert und können alleine nicht mit Ihren psychischen Problemen umgehen.

Ein Beispiel für das Finden von Unterstützung könnte sein, dass Sie sich jemandem anvertrauen. Das kann ein vertrauensvoller Freund, ein Familienmitglied oder ein professioneller Therapeut sein. Indem Sie sich öffnen und über Ihre Gefühle sprechen, können Sie Verständnis und wertvolle Unterstützung erhalten, um Ihre Herausforderungen zu bewältigen.

<u>**Beispiele aus dem Alltag:**</u>

Um das Thema des Umgangs mit psychischen Problemen im Alltag noch greifbarer zu machen, möchten wir Ihnen einige konkrete Beispiele vorstellen, die Sie ansprechen und ermutigen sollen. Stellen Sie sich vor, Sie haben einen stressigen Arbeitstag hinter sich und fühlen sich erschöpft.

Ein Beispiel für Selbstfürsorge könnte sein, dass Sie sich bewusst Zeit für Entspannung und Erholung nehmen. Das kann bedeuten, dass Sie ein warmes Bad genießen, sich mit einem guten Buch auf der Couch entspannen oder Ihre Lieblingsmusik hören. Indem Sie sich diese kleinen Auszeiten gönnen, geben Sie Ihrem Geist und Körper die Möglichkeit, sich zu regenerieren.

Im Bereich der Stressbewältigung könnte ein Beispiel sein, dass Sie in stressigen Momenten bewusst eine kurze Pause einlegen und eine Atemübung machen. Nehmen Sie sich einen Moment Zeit, um tief durchzuatmen und beim Ausatmen bewusst Spannungen loszulassen. Diese einfache Methode kann Ihnen helfen, Ihre Gedanken zu beruhigen und den Stress abzubauen.

„Abschließende Gedanken:

Der Umgang mit psychischen Problemen im Alltag erfordert Ihr aktives Engagement und die Bereitschaft, Veränderungen vorzunehmen. Indem Sie auf sich selbst achten, effektive Stressbewältigungstechniken anwenden und Unterstützung suchen, können Sie Ihre psychische Gesundheit stärken und ein erfüllteres Leben führen. Lassen Sie sich von den Beispielen inspirieren und ermutigen, Ihre eigenen Wege zu finden, um mit Ihren Herausforderungen umzugehen. Sie sind nicht allein auf diesem Weg, und gemeinsam können wir unsere psychische Gesundheit fördern und positive Veränderungen in unserem Alltag erreichen."

Kapitel 15:
Hoffnung und Heilung

Willkommen zum letzten Kapitel unseres Buches, das sich mit dem Thema Hoffnung und Heilung befasst. In diesem Kapitel möchten wir Ihnen inspirierende Geschichten von Menschen präsentieren, die ihre psychischen Probleme erfolgreich überwunden haben. Wir möchten Ihnen zeigen, dass Heilung möglich ist und dass es Hoffnung gibt, selbst wenn Sie sich gerade in einer schwierigen Situation befinden. Nehmen Sie sich einen Moment Zeit, um sich von den folgenden Geschichten berühren und ermutigen zu lassen.

Geschichten von Mut und Wachstum:

In diesem Kapitel möchten wir Ihnen Menschen vorstellen, die ähnliche psychische Herausforderungen wie Sie durchgemacht haben. Erfolgsgeschichten von Menschen, die Depressionen, Angststörungen oder andere psychische Probleme überwunden haben. Nehmen wir zum Beispiel die Geschichte von Lisa. Sie litt viele Jahre lang unter einer schweren Depression und fühlte sich hoffnungslos. Doch mit der Unterstützung ihrer Familie, der professionellen Hilfe eines Therapeuten und ihrer eigenen Entschlossenheit gelang es ihr, Schritt für Schritt aus der Dunkelheit herauszukommen. Lisa erzählt, wie sie durch den Glauben an sich selbst und den Willen, Veränderungen vorzunehmen, ihre Depression überwinden konnte. Heute lebt sie ein erfülltes Leben und ist eine Quelle der Inspiration für andere, die mit ähnlichen Problemen zu kämpfen haben.

Ein anderer Fall ist die Geschichte von Michael. Er kämpfte jahrelang mit Angststörungen und sozialer Phobie, die sein Leben stark einschränkten. Doch durch eine Kombination aus Psychotherapie, Medikamenten und dem Erlernen von Bewältigungsstrategien konnte er nach und nach seine Ängste überwinden. Heute ist Michael in der Lage, öffentliche Reden zu halten und ein erfülltes soziales Leben zu führen. Seine Geschichte zeigt, dass es Wege gibt, um Ängste zu bewältigen und ein erfülltes Leben zu führen, selbst wenn es anfangs aussichtslos erscheint.

<u>Wege zur Heilung:</u>

Neben diesen inspirierenden Geschichten möchten wir Ihnen auch einige bewährte Wege zur Heilung vorstellen. Es gibt verschiedene Ansätze, die Ihnen dabei helfen können, Ihre psychischen Probleme zu bewältigen und Ihre mentale Gesundheit zu stärken. Psychotherapie ist eine weit verbreitete und effektive Methode, um sich mit den Wurzeln Ihrer Probleme auseinanderzusetzen und neue Bewältigungsstrategien zu erlernen. Sowohl kognitive Verhaltenstherapie als auch psychodynamische Therapie haben vielen Menschen geholfen, ihre psychischen Probleme zu überwinden.

Neben der Therapie können auch Medikamente eine wichtige Rolle spielen. In einigen Fällen kann die Kombination aus Psychotherapie und Medikamenten die beste Behandlungsoption sein. Es ist jedoch wichtig zu beachten, dass jeder Mensch individuell ist und dass nicht jede Behandlungsmethode für jeden geeignet ist.

Ein offenes Gespräch mit einem professionellen Therapeuten oder Psychiater kann Ihnen dabei helfen, die richtige Behandlungsoption für Ihre spezifische Situation zu finden.

Hoffnung und Heilung sind keine leeren Worte, sondern erreichbare Ziele. Die Geschichten von Lisa, Michael und vielen anderen zeigen, dass Menschen in der Lage sind, ihre psychischen Probleme zu überwinden und ein erfülltes Leben zu führen. Es mag Zeiten geben, in denen Sie sich hilflos und verzweifelt fühlen, aber denken Sie daran, dass Sie nicht allein sind. Es gibt Unterstützung, professionelle Hilfe und bewährte Methoden, die Ihnen auf Ihrem Weg zur Heilung helfen können.

Seien Sie offen für Veränderungen und nehmen Sie die angebotene Unterstützung an. Glauben Sie an Ihre eigenen Stärken und daran, dass Sie die Kraft haben, Ihre Situation zu verbessern. Jeder Schritt, den Sie unternehmen, sei er noch so klein, bringt Sie näher an die Heilung heran. Seien Sie geduldig mit sich selbst und erkennen Sie, dass der Weg zur Heilung Zeit und Mühe erfordern kann.

„Mit diesem Kapitel möchten wir Ihnen Mut machen und Ihnen zeigen, dass es Hoffnung gibt, selbst in den dunkelsten Momenten. Es ist möglich, psychische Probleme zu überwinden und ein erfülltes, glückliches Leben zu führen. Vertrauen Sie auf Ihre eigene Stärke und seien Sie offen für die Möglichkeiten, die sich Ihnen bieten. Sie verdienen Heilung und ein Leben voller Hoffnung und Zufriedenheit."

Abschließende Worte:

mit diesem Buch "Psychische Probleme einfach erklärt" haben wir versucht, Ihnen einen verständlichen Einblick in die Welt der psychischen Gesundheit zu geben und Ihnen Werkzeuge an die Hand zu geben, um Ihre eigene mentale Wohlbefinden zu fördern. Wir hoffen, dass wir Sie dazu ermutigt haben, einen Blick in Ihr Inneres zu werfen und auf Ihre eigene mentale Gesundheit zu achten.

Wir hoffen, dass dieses Buch Ihr Interesse geweckt hat und Ihnen einen Anstoß gegeben hat, weitere Bücher und Ressourcen zu diesem Thema zu erkunden. Die Welt der psychischen Gesundheit ist faszinierend und bietet eine Vielzahl von Ansätzen, Techniken und Geschichten, die Ihnen helfen können, Ihre eigene Reise zur Heilung fortzusetzen.

Investieren Sie in sich selbst und nehmen Sie sich Zeit, um auf Ihre Bedürfnisse zu achten. Seien Sie offen für neue Erkenntnisse und bereit, Veränderungen anzunehmen. Mit jedem Schritt, den Sie unternehmen, kommen Sie näher zu einem Leben voller Wohlbefinden und innerer Stärke.

Wir danken Ihnen von Herzen, dass Sie dieses Buch gelesen haben. Es war uns eine Ehre, Sie auf Ihrem Weg zur psychischen Gesundheit begleiten zu dürfen. Wir hoffen, dass Sie die Erkenntnisse und Tipps in Ihrem Alltag anwenden können und dass Sie ermutigt sind, sich weiterhin um Ihre mentale Gesundheit zu kümmern.

Bleiben Sie neugierig, bleiben Sie stark und seien Sie stolz auf den Fortschritt, den Sie bereits gemacht haben. Ihre mentale Gesundheit ist von unschätzbarem Wert und verdient Ihre Aufmerksamkeit und Pflege.

Wir wünschen Ihnen alles Gute auf Ihrer Reise zur psychischen Gesundheit und hoffen, dass Sie weiterhin nach Wissen, Unterstützung und inspirierenden Büchern suchen.

Mit herzlichen Grüßen,

Kevin van Olafson